Lb 41 920

JOSEPH BERNAZAIS

A SES CONCITOYENS.

JOSEPH BERNAZAIS

A SES CONCITOYENS

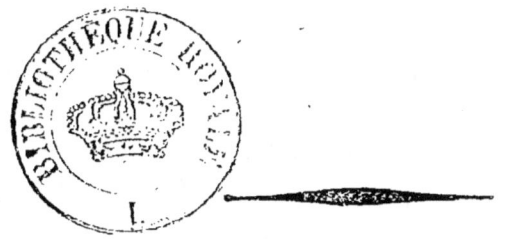

Je n'aurois jamais cru devoir engager une discussion sur les services que j'ai rendus à ma patrie. Je n'aurois jamais imaginé que les calomnies les plus noires, les préventions les plus injustes auroient empoisonné une action qui me sera chère toute ma vie, et que tous les genres de persécutions ne pourront jamais me faire oublier. Je jouissois en silence du titre précieux dont la Convention nationale m'a honoré ; je me livrois aux douces affections que produit dans l'honnête homme le sentiment d'une conscience pure et irréprochable, lorsque j'ai appris que ses commissaires aux frontières du Nord m'avoient accusé de faux, dans leur rapport fait à la séance du 23, sur une partie des faits que j'avois avancés, qu'ils m'avoient même désigné comme un homme suspect, dont la démarche courageuse et républicaine en apparence n'étoit peut-être que l'intrigue la mieux ourdie. Je suis cité au tribunal de l'opinion publique par des représentans du peuple, qui m'ont jugé sur des relations de journalistes, inculpé sur des rapports infidèles et mensongers, c'est-là que je dois paroître pour éclairer leur zèle, que l'on a trompé, leur bonne-foi qu'on a séduite. Je sens que dans le moment de crise où nous nous trouvons, où toutes les passions fermentent, où le peuple, trahi tant de fois, tourne ses yeux inquiets sur tous les fonctionnaires de la République, où le patriotisme a des traits que la perfidie saisit si facilement, le citoyen le plus pur peut devenir suspect. Je sens qu'ils ont dû me dénoncer sur de simples conjectures : ils ont rempli un devoir essentiel de leur mission ; mais aussi je suis certain que lorsque je leur aurai dessillé les yeux, que lorsqu'ils auront vu dans ma personne un républicain de 4 ans, ils seront assez justes pour dissiper les fatales impressions que la nation entière à conçue, détromper l'opinion publique, et me faire jouir du premier besoin du citoyen, l'estime de ses semblables. Cette idée me console d'avance, et rend ma tâche bien plus facile. Je commencerai par un récit très-court de ce que j'ai fait pour la cause sacrée de l'égalité dans mes foyers. Je passerai ensuite aux services que j'ai rendus à l'armée ; je ferai entrer dans ce dernier cadre l'époque précieuse de ma présence à Paris ; j'accompagnerai toutes mes assertions de pièces justificatives, car je veux que la calomnie me poursuive pour la dernière fois ; je parlerai surtout avec simplicité et franchise, la seule langue du républicain. La vérité, d'ailleurs, n'a pas besoin d'ornemens.

Qu'ai-je fait avant le 10 août ?

Sorti comme tous les Français des tombeaux du despotisme, je vis le jour au mois de juillet 1789.

L'idole renversée, la liberté conquise, les ennemis de la chose publique contenus par l'énergie du peuple, ne suffisoient pas pour assurer la jouissance de ses droits. Il restoit des préjugés à combattre, des abus à déraciner, des lumières à répandre, cet objet ne pouvoit être rempli que par la réunion des hommes purs, éclairés. On vit alors se former ces Sociétés patriotiques, sentinelles vigilantes qui déjouèrent toujours les projets sinistres de l'aristocratie, étoiles du peuple qui le dirigèrent sagement, & lui firent éviter tous les écueils. Je suivis quelques mois les séances instructives de celles de mon Département, & méritai enfin d'être admis dans son sein au mois de mars 1790. C'est-là que commence ma vie, car c'est à cette époque que j'ai été véritablement utile à ma Patrie. Je combattis au milieu des orages, comme tous mes Concitoyens; je surveillai les traîtres, & j'instruisis le Peuple !

On travailloit alors à donner des lois à la Nation française : on vit sortir des mains des législateurs une Constitution qui sentoit la corruption de ses auteurs. J'eus le courage de combattre toutes les dispositions qui ne découloient pas de la déclaration des droits, je fis sentir tous les dangers d'une demi-liberté. Mon ame, toute républicaine alors, enchaînée par les préjugés qui retardoient le progrès des lumières, trouva une occasion plus favorable d'épancher sa haîne contre la tyrannie. Capet abandonne le poste que lui avoit assigné un Sénat corrompu, il s'arrache des bras du Peuple pour fuir vers les despotes coalisés. On l'arrête, on le conduit à Paris. Dans cette secousse terrible, l'hypocrisie des méchans, les terreurs des faibles égaroient l'opinion publique. Je monte à la tribune pour demander sa déchéance.

Ces principes révoltèrent tous ceux qui croyoient

alors le tyran de bonne-foi, & vouloient une monarchie. Je fus forcé de baisser la tête devant les décrets de l'Assemblée constituante jusqu'à la révision. J'entrai encore en lice : la liste civile, le *veto* me parurent des monstruosités ; je combattis, mais ce fut en vain : le petit nombre de Républicains avoit contre lui la majorité de la Nation. Enfin, la Constitution s'achève : elle est acceptée par le tyran.

Le Corps législatif succède à l'Assemblée constituante, l'aristocratie reprit alors courage : liguée avec la Cour, elle conjura contre notre liberté. Nos ennemis s'agitoient dans notre Département : c'étoit le foyer de toutes leurs conspirations. Constamment à mon poste, je bravai leurs fureurs, j'imitai en cela tous les bons citoyens qui composoient cette Société ; car on ne peut nier que sans leur courageuse activité, notre malheureuse cité eût été dévorée par les fléaux de la guerre civile. Nous ne connoissions plus de repos : il falloit veiller jour & nuit ; & la place que j'occupe au collége fut peut être le prix de mon civisme infatigable ; j'étois lié à cette époque avec le citoyen Ingrand, député à la Législature : ce républicain, qui ne connoît d'amis que ceux qui veulent la liberté & l'égalité toute entière, vous dira que ma correspondance avec lui étoit une dénonciation continuelle des complots de nos ennemis. Il vous dira que dans mes écrits j'avois déclaré une guerre à mort au feuillantisme ; que mes principes étoient ceux d'un vrai républicain.

Je poursuis mes preuves.... La dissolution de l'Assemblée législative étoit résolue à la Cour. Les assassins du peuple se rendoient de tous les points de la France pour consommer le plus atroce des crimes. Les patriotes volent à son secours, ils ne trouvent le salut de la chose publique que dans un camp de vingt mille hommes. C'est à-peu-près à cette époque que j'eus l'honneur de présider la Société de Poitiers. Les circonstances difficiles où se trouva la France, la postion critique, de notre Département rendoient le titre de membre d'une Société populaire bien honorable. Il l'étoit en effet ; car nous approchions de cette heureuse révolution qui devoit fixer l'ère de notre égalité. Le 10 août brisa le trône de la royauté, rendit au peuple ses droits, donna la mort à toutes les aristocraties. La Nation française étoit libre, mais d'insolens ennemis, enhardis par leurs succès, menaçoient sa régénération politique, envahissoient son territoire. La Patrie en danger appelloit ses enfans ; je fus nommé, par les autorités constituées, commissaire pour le recrutement ; je parcourus un District, prêchai partout le saint amour de la liberté. La levée fut plus nombreuse qu'on n'auroit osé l'espérer.

L'exemple de ces jeunes volontaires, qui offroient à la Patrie le sacrifice de leur existence, me touche; je brûle de partager leur gloire & leurs travaux. Je n'écoute ni la voix d'un père & de sa famille, qui me crioient que j'étois leur unique soutien...

La voix de la Patrie s'étoit fait entendre la première, je ne pouvois lui resister. J'étois cependant fonctionnaire public; la loi me conservoit à mon poste; que pouvoient toutes ces faibles raisons sur mon cœur; l'ennemi étoit à nos portes, la liberté étoit menacée, je suivis mon penchant: je partis. Telle est la conduite que j'ai tenue jusqu'à cette époque. Elle recevra le témoignage de tous les Représentans du peuple qui me connoissent, (1) la sanction de tous mes concitoyens. Je vais exposer maintenant celle que j'ai menée depuis dans ma nouvelle carrière; on verra que les mêmes principes m'ont toujours dirigé, que toutes mes actions n'ont jamais eu qu'un but, l'attachement le plus inviolable à notre République. *L'honnête homme ne devient point criminel dans un jour.*

Qu'ai-je fait depuis le 10 août?

La confiance des volontaires m'avoit élevé au grade de capitaine dans le deuxième bataillon de la Vienne. Je partis avec mes frères d'armes au commencement de septembre, dans la crise la plus terrible qu'ait jamais éprouvé la nation française. Nous volions à la rencontre de l'ennemi qui s'avançoit à grands pas vers la capitale ; la distance qui nous séparoit des frontières, nous fit parcourir une longue route. Je visitai plusieurs sociétés populaires, les discours que j'y prononçai firent quelque sensation, et je reçus souvent de grands témoignages d'estime. Obligés de passer auprès de Paris, nous apprîmes que la convention avoit unanimement décrété la république, et l'abolition de la royauté. Le deuxième bataillon de la Vienne, qui n'a jamais laissé échapper une occasion de se signaler, vota une adresse d'adhésion et arrêta de la faire porter par deux députés. Je fus choisis par mes frères d'armes, et je parus à la barre de la convention, où je jurai, en son nom, de plutôt mourir que de reconnoître un roi.

Je me rendis aussitôt à mon bataillon, qui reçut des ordres d'aller au Quesnoy, pour y tenir garnison ; je n'oublierai jamais la satisfaction que j'ai éprouvée dans cette ville. Les citoyens-soldats, réunis aux habitans, composoient la société patriotique ; ils s'éclairoient mutuellement sur leurs droits et leurs devoirs. Je reçus chez moi une députation qui m'invitoit à me rendre au club.

Je cédai au desir de nos camarades, je me rendis dans leur sein où je fus proclamé président. J'occupois ce poste, lorsque les députés de la convention nous visitèrent fraternellement; ils donnèrent des éloges bien flatteurs à mes instructions civiques. Nous partîmes bientôt de cette ville pour entrer dans la Belgique : le courage de l'armée française franchit tous les obstacles ; elle repoussa l'ennemi jusqu'à Liège, resta dans une inertie nécessaire pour exécuter les projets concertés avec les autrichiens. J'invoque ici le témoignage des liégeois, ces généreux républicains, enfans adoptifs de la France ; ils peuvent attester la pureté de mes principes et de mes intentions.

Ils diront à mes calomniateurs ce que j'ai fait pour le maintien de leur liberté, combien j'ai travaillé à leur organisation ; ils leur diront que j'étois étranger à toutes les intrigues, que je refusai toutes les offres du traître Dumouriez, et que je préférai me retirer dans mes foyers. Je prévoyois déjà ses projets ambitieux, je l'avois peint à plusieurs comme un intriguant, et particulièrement au citoyen Plumier, *colonel de la garde nationale. Vous aviez bien raison, me disoit-il, il y a quelque jours ; vos prophéties se sont réalisées* (2).

J'abandonnai Liège au mois de décembre : une loi ordonnoit à tous les fonctionnaires publics de rentrer à leur poste. Certes, si j'avois été un ambitieux ou un homme cupide, un intrigant ou un homme facile à corrompre, j'aurois accepté l'or et les honneurs que Dumouriez vouloit me prostituer. J'aurois resté pour être l'instrument de ses projets liberticides, en usant de l'influence que j'avois acquises sur les braves liégeois. Mais non, je pars sans le voir, et me rends dans mon département pour reprendre mes fonctions : je reçus un congé de mon bataillon, qui prouve le degré d'estime que l'on avoit pour moi. (3) J'arrivai à Poitiers à la fin de décembre, ma présence étonna les meilleurs patriotes. Ils m'invitèrent à rejoindre l'armée : je le promis ; je restai quelque temps pour me rétablir ; j'avois d'ailleurs des affaires de famille que j'étois obligé de terminer. Je pars, je reçois en route deux invitations de me rendre à l'état-major de l'armée ; je refuse ; enfin à Bruxelles, on me signifie de me rendre auprès du général. On voit par ma conduite, quel étoit mon éloignement pour ce scélérat ; on voit que je n'ai obéi qu'à un ordre impératif. (4) Ce que j'avance est d'autant plus vrai que j'avois dénoncé au citoyen Ingrand ses intrigues, & qu'il me conseilla lui-même de suivre ma destinée, en me disant qu'on pouvoit être partout un honnête homme. (1)

Dumouriez commandoit alors l'armée de la Hollande : je me rendis au Moerdik, d'où il partit le lendemain pour aller rallier l'armée de la Belgique, qui s'étoit retirée sur les hauteurs de Louvain. J'ai donc resté vingt-deux jours à l'armée de l'expédition de la Hollande, sans communication avec lui ; il n'y avoit même pas de correspondance établie entre les deux armées. Enfin, nous reçumes ordre d'évacuer : les débris de cette armée se rendirent à Cassel. Quant à moi, je suivis un adjudant général que je devois accompagner jusqu'à Tournai, où étoit alors l'armée de la Belgique. Le lendemain, l'armée fit un mouvement pour se rendre à S. Amand ; c'est là que le traître devoit exécuter ses projets contre-révolutionnaires ; c'est-là qu'il jetta le masque hypocrite qui le couvroit depuis si longtemps ; je connus alors toute la profondeur de ses crimes.

Je sentis qu'il falloit choisir sans délai entre ma patrie et Dumouriez. Je ne balançai pas. Je désertai pour venir me jetter entre les bras des représentans du peuple. Ici doit nécessairement se placer l'inculpation des commissaires de la convention ; ici je dois répondre à des faits et dissiper les nuages dont mes ennemis pourroient couvrir une vie sans reproches. Je n'ai pas le rapport des citoyens commissaires ; je ne pourrai pas le citer textuellement ; je relaterai seulement ce que je tiens de leur propre bouche.

Vous en avez imposé, me dirent-ils, de deux manières : 1°. (5) vous avez dit que vous aviez harangué avec nous la garnison de Valenciennes 2°. que vous aviez fait jurer à plusieurs bataillons de défendre la république. Quant au premier fait, je ne l'ai pas vû dans le bulletin, seul journal que j'ai lu. Il est probable que la gazette qui l'a recueillie s'est trompée. Il seroit possible cependant qu'en improvisant un récit, emporté par l'enthousiasme, il me fut échappé de dire que les commissaires avaient harangué la garnison, ce qui est de toute vérité; cette absurdité est d'autant plus invraisemblable que je me rappelle avoir dit que j'étois arrivé à midi et reparti à midi et demi; d'ailleurs, je le répète, le bulletin (a) n'en fait pas mention, et c'est la seule autorité à laquelle je me réfère. La seconde inculpation paroît plus forte en apparence; elle n'est cependant pas difficile à résoudre : il est facile de dénaturer des expressions. Lorsque j'ai dit à la convention que j'avois fait jurer à des bataillons le maintien de la république, je n'ai pas entendu dire que j'avois exigé un serment solennel. Il auroit fallu rassembler les corps, et je n'avois aucun caractère pour le faire. D'ailleurs c'étoit me dévouer inutile-

---

(a) J'approuve la narration rendue dans le Bulletin; j'y renvoie mes lecteurs.

ment au fer des assassins. Devoit-on interpréter ainsi cette tournure de phrase rendue dans toute la chaleur de ma narration. Quel en étoit le sens naturel, sinon que j'avois répandu avec zèle l'amour de la république, et engagé les citoyens-soldats à maintenir leur premier serment. C'est cette application qui a fait la base de la dénonciation faite contre moi : elle n'auroit pas eu lieu, si j'avais été admis à la barre de la convention (*a*); j'aurois donné cette satisfaction aux citoyens commissaires.

Pendant les quatre à cinq jours que j'ai resté à l'armée du Nord, je n'ai jamais été qu'une fois au camp; je défie un seul individu d'attester qu'il m'y a vu deux fois.

Je fus trouver mon bataillon, que je quittai avec ces expressions, que j'adressai à un de mes camarades : ami, je serai toujours un vrai républicain; vous entendrez bientôt parler de moi (2). J'avois donc conçu alors le projet d'abandonner le traître en exposant ma vie. J'ai réalisé ce mouvement qui m'honore ; je me suis rendu à Paris. La conduite que j'ai tenue est-elle suspecte ? Un membre du comité de sûreté générale m'a donné l'ho-

_____

(*a*) Lorsque j'ai été accusé, dans la première lettre des commissaires, j'écrivis au président de la convention, et je sollicitai l'admission pour rectifier les faits. Je ne pus obtenir cette faveur.

pitalité, et ne m'a pas perdu de vue. Suis-je un intrigant, parce que j'ai refusé les indemnités que l'on m'offrait pour la perte de mes effets ! L'intrigant n'est pas désintéressé ; l'intrigant se cache ; je me suis toujours mis en évidence : j'ai toujours suivi les importantes délibérations de l'assemblée. Le coupable s'évade ; j'ai toujours resté, fort de ma conscience, pour répondre à tous les citoyens qui auroient pu concevoir quelques soupçons.

Je viens de mettre sous les yeux de mes concitoyens l'histoire de ma vie ; je la soumets à la censure publique : elle est composée de quelques bonnes actions ; je ne veux point d'autre réponse aux calomnies de mes ennemis. Mais si jamais les inimitiés personnelles me poursuivoient encore, si j'étois l'objet de nouveaux traits, je dirai avec cet orateur d'Athènes : *Vous m'accusez ; je travaille sans relâche au bonheur de ma patrie ; vos efforts seront inutiles, je trouverai partout des hommes justes.*

PIÈCES JUSTIFICATIVES.

N° Ier.

Je déclare et atteste que depuis que je connois le citoyen Bernazais, adjoint aux adjudans généraux, je l'ai toujours vu se conduire en bon citoyen et en courageux républicain ; qu'étonné des reproches qui lui ont été faits par des commissaires de la convention nationale, et leur en ayant demandé les motifs, ils m'ont allégué des oui-dire et la rédaction du *Moniteur* ; que leur ayant témoigné combien il étoit désagréable pour ce jeune citoyen de se voir inculpé d'une manière aussi grave par des hommes faits pour mériter la confiance, et sur des autorités aussi foibles et aussi mensongères, ils m'ont répondu : Eh bien ! s'il n'en a pas imposé et s'il est honnête homme, comme nous le pensons, il n'a qu'à démentir les journaux. Ces commissaires se fussent montrés justes envers les réclamations du citoyen Bernazais, qui demandoit à rétablir les faits ; mais la précipitation de leur départ pour l'armée, ne leur a pas donné le temps de satisfaire à ce devoir qu'il étoit dans leur cœur de remplir.

J'atteste que, depuis la révolution, j'ai eu les preuves les plus éclatantes du zèle, de l'activité et des talens du citoyen Bernazais, que je lui ai toujours vu vouer au salut de la patrie avec toute l'énergie d'un homme qui sent le prix de la liberté et de l'égalité ; que lorsqu'il fut question de sa nomination à la place d'adjoint aux adjudans-généraux, il me consulta sur les inquiétudes qu'il avoit sur Dumouriez, et que je lui conseillai d'accepter cette place, bien persuadé qu'il serviroit toujours son pays à quelque poste qu'il put être. Je déclare que ce citoyen, pendant le temps que j'ai été placé au directoire du département de la Vienne, y a fait plusieurs dénonciations utiles ; qu'étant depuis au comité de surveillance de l'assemblée législative, il m'en a aussi adressé de très-importantes qui ont été déposées au comité et ont même servi à faire reprendre des mesures de sûreté générale et à motiver des décrets de répression contre les traîtres ; que depuis la convention, placé encore au comité de sûreté générale, ce citoyen a continué de me faire passer des renseignemens très-importans et à me dénoncer tous les traîtres qu'il a pu connoître.

Je déclare que cette conduite, qui m'a paru celle d'un ardent ami de la liberté, m'inspire la plus haute estime pour le citoyen Bernazais, et que je lui continuerai mon amitié jusqu'à ce qu'il me soit prouvé qu'il a démérité de la patrie.

A Paris, ce 26 avril, l'an 2ᵉ la république française, une et indivisible.

    Signé, INGRAND, *membre de la convention, et secrétaire du comité de sûreté générale.*

Nous, députés de la Vienne, certifions que le citoyen Bernazais fils, capitaine au deuxième bataillon de la Vienne, s'est toujours rendu aussi recommandable par ses talens, qu'il n'a cessé de consacrer à la patrie, que par son brûlant patriotisme, qui lui a fait laisser une place de professeur au collège de Poitiers pour aller combattre l'ennemi.

A Paris, ce 26 avril 1793, l'an 2 la république française.

    Signés, PASCAL-CREUZÉ, INGRAND.

J'AI vu le citoyen Bernazais à Poitiers toute l'année dernière, et je déclare que je trahirois la vérité si je n'attestois que pendant ce tems-là je n'ai point connu de plus zélé défenseur de la liberté.

Paris, 27 avril 1793, 2ᵉ de la république.

    Signé, DUTROU-BERNIÈRE.

N° II.

Je soussigné, colonel de la garde nationale de Liège, et officier municipal, déclare que le citoyen Bernazais, capitaine au deuxième bataillon de la Vienne, en garnison à Liège, s'est distingué à la société patriotique, par les discours les plus éloquens, en faveur de la liberté et de l'égalité ; qu'il a fait tous ses efforts pour le maintien de notre liberté, et travaillé avec succès à notre organisation en assemblées primaires ; je déclare en outre que ce citoyen, qui m'a toujours paru étranger à toutes les intrigues, m'a peint à Liège Dumouriez comme un ambitieux et un intrigant, dont il falloit se défier.

En foi de quoi je lui ai délivré la présente déclaration. A Paris, 26 avril 1793, l'an deuxième de la république française.

Signé, Plumier.

N° III.

Armée de l'expédition de la Belgique.

Vu par nous, maréchal-de-camp des armées de la république.

Signé DAMPIERRE.

Nous soussignés, certifions que le citoyen Bernazais, capitaine au deuxième bataillon de la Vienne, est autorisé, en sa qualité de fonctionnaire public, à se retirer au collège national de Poitiers, pour y vaquer aux devoirs de sa place : certifions en outre que ce citoyen s'est comporté avec honneur et bravoure dans toutes les circonstances périlleuses où il s'est trouvé. En foi de quoi, &c.

A Liège, ce 3 décembre 1793, l'an deuxième de la république française.

Signé, le lieutenant-colonel en chef, DUPLESSAIT.

Vu par nous, adjudant-major dudit bataillon. *Signé*, GAUTHIER.

Nota. Le traître Dumouriez m'en avoit délivré un autre, je l'ai déchiré lorsque j'ai déserté de son armée.

Je ne pouvois faire un autre usage d'un titre aussi déshonorant.

N.o IV.

Armée de la Belgique.

Au quartier général de St-Amand, 2 avril 1793,
l'an deuxième de la république.

Nous, général de brigade, et chef de l'état-major de l'armée du Nord, certifions que le citoyen Bernazais a été appellé par le général en chef, pour servir la république, en qualité d'adjoint aux adjudans généraux, &c.

Certifions en outre que ce citoyen rejoignoit son bataillon, lorsqu'il a reçu des ordres pour se rendre à l'état-major de l'armée.

Signé, Thowenot.

N.° V.

Je certifie, chirurgien-major du deuxième bataillon de la Vienne, que pendant le temps que le citoyen Bernazais a resté au bataillon de la Vienne, où il étoit capitaine, il a toujours tenu la conduite d'un homme chérissant sa patrie ; que même dans toutes les villes principales où nous avons passé, il engageoit le peuple réuni en société populaire à être tout pour la patrie ; qu'il n'avoit rien de plus sacré. Je ne puis rendre ses discours énergiques, et qui électrisoient le peuple de la manière la plus avantageuse pour sa patrie ; ledit citoyen laissa le bataillon à Liège. Il y avoit quelque temps que je ne l'avois vu, lorsque le 3, époque où Dumouriez fit éclater la plus noire des trahisons, il resta quelque temps à causer avec nous, le commandant et plusieurs officiers du bataillon. *Il tint des discours qui étoient entièrement contraires aux vues ambitieuses du plus scélérat des hommes. Lorsqu'il s'en fut, il me serra la main, et me dit : mon ami, soyez sûr que comme vous, je serai pour la vie républicain. Adieu, me dit-il, vous verrez : avant trois jours, vous entendrez parler de moi ; je suis digne de votre amitié.*

En conséquence, je lui ai délivré le présent, pour lui être utile si besoin est, et que je certifie être sincère et véritable.

Paris, 24 avril 1793, l'an 2ᵉ de la république française.

Signé, V<small>ILLENEUVE</small>, *chirurgien-major au deuxième bataillon de la Vienne.*

Toutes ces pièces sont déposées au bureau de la guerre.

DE L'IMPRIMERIE DU RÉPUBLICAIN,
Chez R. V<small>ATAR</small> et ass., rue de l'Université, nº. 139 ou 926, près celle de Beaune.

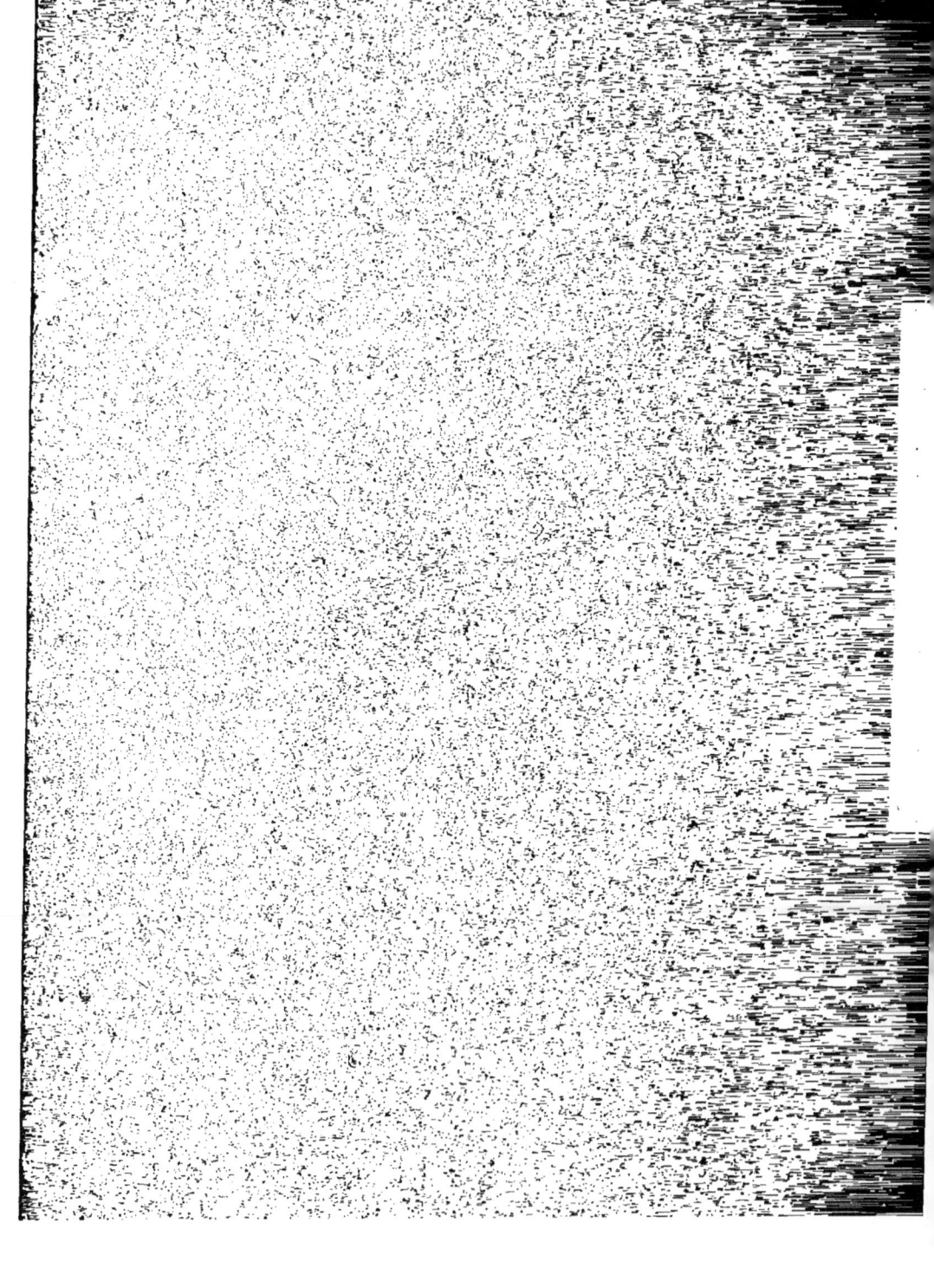